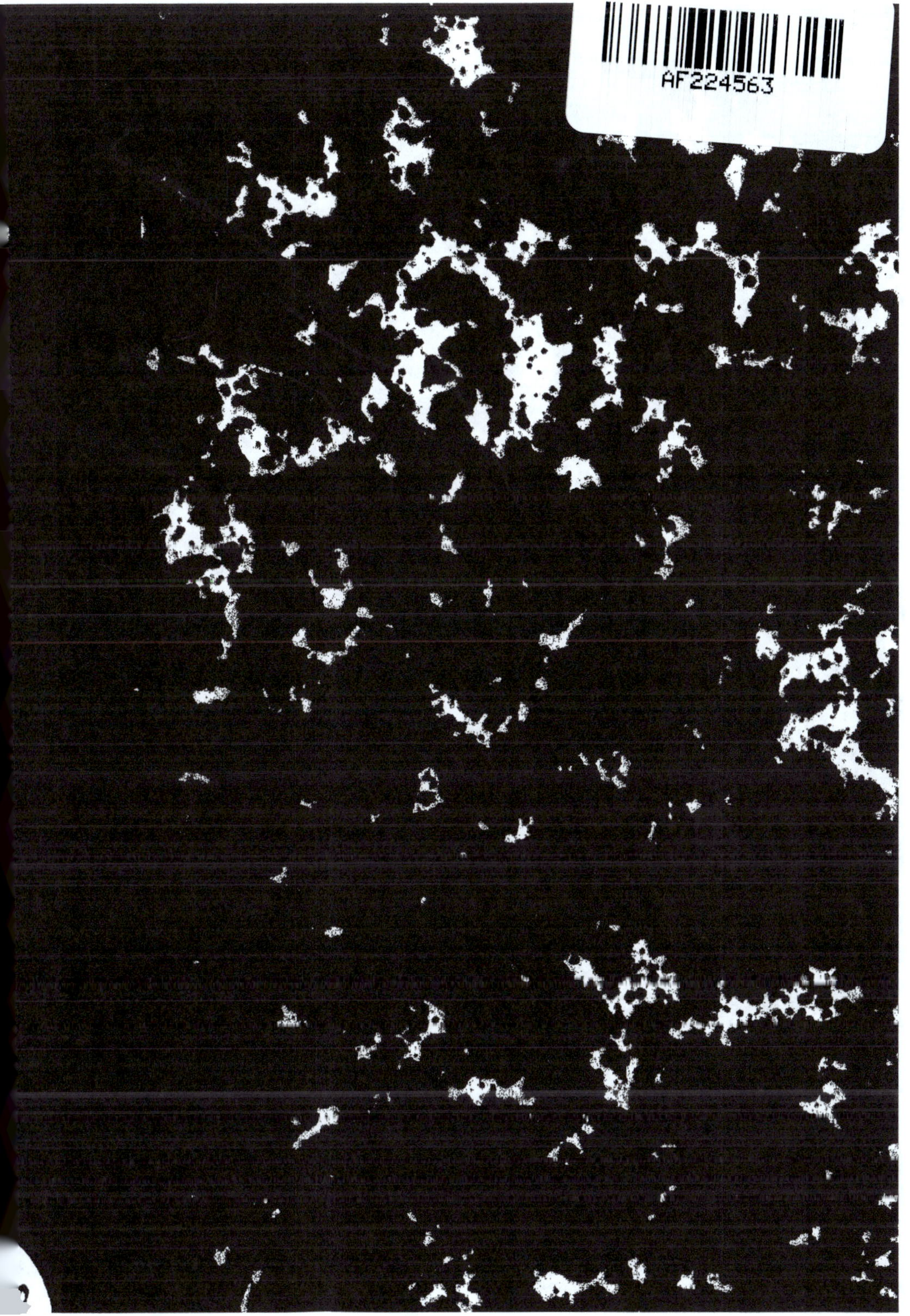
AF224563

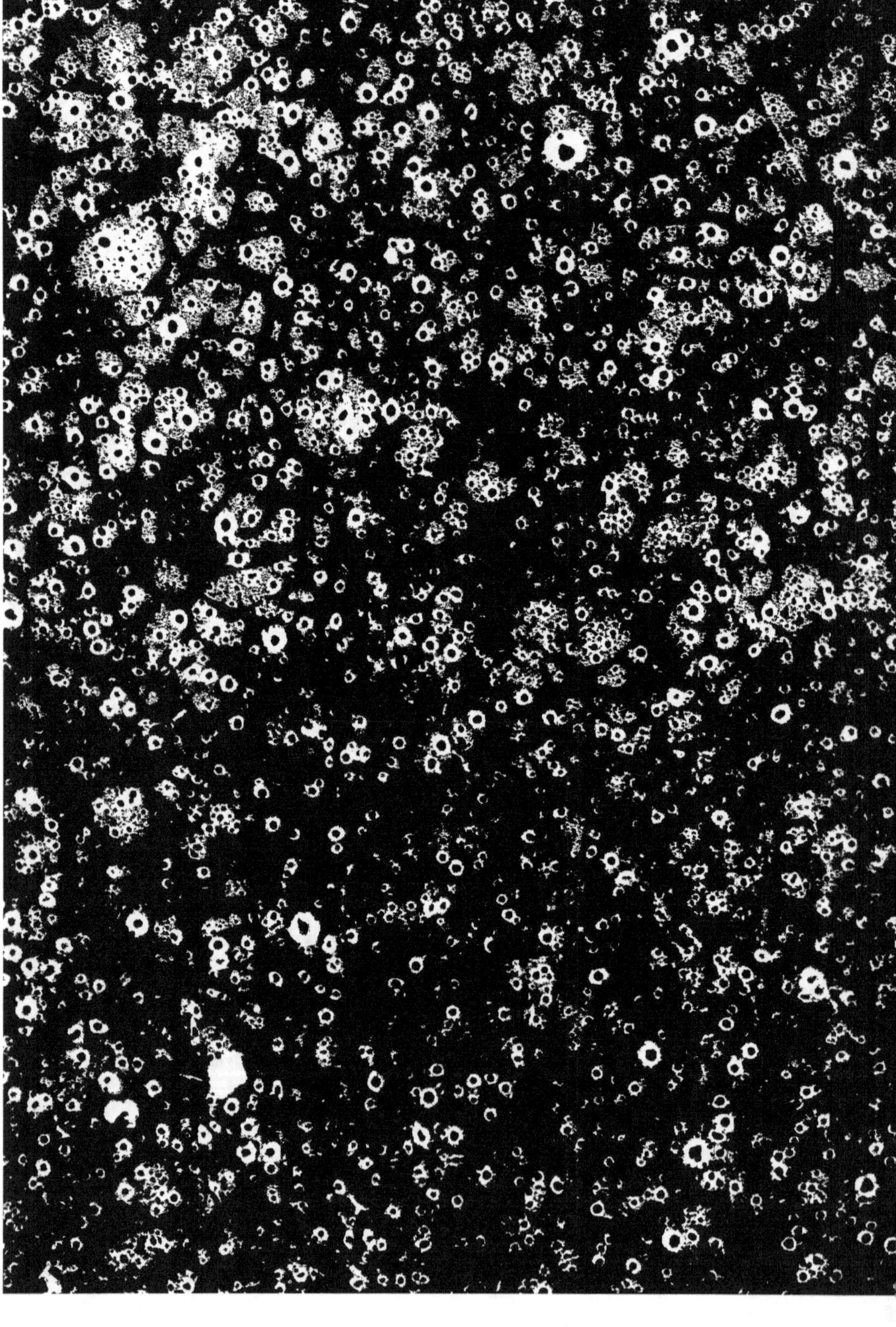

Par la Comtesse Lenoir-Laroche. Voy. Barbier.

LA GRÈCE

ET

LA FRANCE.

De l'Imprimerie de P. N. ROUGERON, rue de l'Hirondelle, N.° 22.

LA GRÈCE

ET

LA FRANCE,

OU

RÉFLEXIONS

SUR LE TABLEAU DE LÉONIDAS DE M. DAVID,

ADRESSÉES

AUX DÉFENSEURS DE LA PATRIE,

PAR UNE FRANÇAISE;

SUIVIES

De la Correspondance d'un Officier d'artillerie, pendant la Campagne de 1814, et de différentes Pièces relatives à cette époque.

A PARIS,

CHEZ LES MARCHANDS DE NOUVEAUTÉS.

1815.

AVANT-PROPOS.

On voit assez, sans que je les indique, les raisons qui me déterminent à publier le fragment de cet Ouvrage que j'adresse aux Guerriers français. Leur patriotisme, qui m'est si bien connu (et dont on verra la preuve touchante dans la correspondance que je joins au Tableau des Thermopyles), fit ma confiance dans la campagne de 1814. Je la conserve toute entière ; j'ai appris, par mon expérience, à les admirer plus que jamais !

L'amour que je porte à ma patrie, comme citoyenne, me fait un devoir de la servir de tous mes foibles moyens ; comme la Grèce, elle est attaquée par des armées innombrables : elle ne peut se défendre que par l'union la plus parfaite de tous les citoyens.

L'injustice de la guerre qu'on fait à la France ne peut trouver de prétexte que dans ce principe : *elle nous est utile.* Ce principe est celui du gouvernement anglais, pour lequel *il n'y a point de crime en politique* ; leurs publicistes même ont osé fonder toute la législation sur l'*utilité* (JÉRÉMIE BENTHAM). Il faudroit renoncer à la société humaine, si jamais une pareille doctrine étoit reçue sans réclamation.

Il appartient à la France de proclamer l'opposition naturelle de ces principes affreux, et cette opposition, *c'est la vertu*; elle seule peut rétablir sur la terre cette noble puissance qui ne périt point. « On » la cerne de toute part (*expressions de* L'EMPE- » REUR): eh bien! qu'elle place sur ses frontières » la justice et la bonne foi, et toutes les forces du » monde ne pourront franchir ces bornes sacrées!»

Renonçons à cet égoïsme insensé, qui persuade aux individus qu'ils peuvent se sauver sans la patrie. J'en appelle à l'expérience fatale que nous avons faite!

Ne nous occupons plus de ce que nous recevrons de la patrie! mais de ce que nous ferons pour la patrie......

L'exemple des Spartiates et des Athéniens est bien propre à nous guérir de cette funeste maladie de l'intérêt; le vice est contagieux, mais la vertu entraîne!....

Ah! puissions-nous réunir dans la même pensée, pour la défense commune, et les guerriers, et les citoyens, et les femmes, et les vieillards, et les enfans?

Les Réflexions qu'on va lire sur le tableau des Thermopyles sont extraites d'un ouvrage inédit *sur les Principes du beau dans les arts, considérés dans leurs rapports avec les idées morales et religieuses.*

Cet Ouvrage a été commencé au mois de novembre 1813. J'en dois la pensée aux Guerriers français. Tant de courage, de grandeur, de noblesse, ont honoré nos armées toujours admirables dans les victoires comme dans les revers, que j'ai été conduite à rechercher les causes de tant de vertus et d'héroïsme !

En comparant les temps modernes aux temps antiques, en recherchant les principes du beau dans les arts chez les anciens, j'ai dû examiner et apprécier les mœurs dont les arts sont toujours l'expression.

Les causes qui ont rendu les Guerriers français si étonnans, à une époque où les principes de la morale étoient si souvent oubliés, me paroissent mériter toute la méditation des philosophes !

Pendant vingt-cinq ans nos armées ont obtenu l'admiration universelle, et pas une voix ne s'est élevée pour les blâmer que celle des lâches et des hypocrites !

Il doit y avoir des données certaines pour trouver les principes du beau, soit dans les arts, dans la poésie, dans l'histoire et l'héroïsme de la pensée guerrière.

Les déclamations ne détruisent point la vérité des faits ; le problème à résoudre sera toujours celui-ci. Pourquoi les armées françaises sont-elles, les premières de la terre, supérieures à celles de l'antiquité? et pourquoi l'administration intérieure de la France a-t-elle offert tant de scènes affligeantes et douloureuses pour la morale et la vertu?

Je laisse aux philosophes à décider cette question.

Pour moi, j'ai retrouvé dans mon cœur le sentiment de l'admiration pour les Guerriers français ; en m'occupant d'eux, je suis arrivée naturellement aux principes du beau, je leur adresserai les méditations mélancoliques d'une femme profondément affligée. Le Tableau de Léonidas m'a frappé plus qu'un autre, par le sentiment douloureux dont j'étois pénétrée ; le dévouement des Spartiates me rappeloit le souvenir de nos Héros.

AUX GUERRIERS FRANÇAIS.

Oui, je parlerai du Tableau des Thermopyles aux Guerriers français! Qui pourroit en comprendre mieux les beautés que ceux qui ont fourni tant de sujets à l'éloquence, à la poésie et à la peinture?

Nobles enfans de la gloire et de la patrie! les Français n'ont pas besoin d'évoquer l'antiquité pour trouver des traits héroïques à peindre! que peut-elle montrer de comparable aux Héros français défendant leur pays avec une valeur et un courage que les races futures ne pourront assez admirer? Généreux Guerriers! votre défense de la France, pendant les jours de calamités qui ont suivi tant de victoires, vous assure plus d'honneur que les trophées les plus éclatans! vous vous êtes montrés supérieurs à l'antiquité même, vous qui avez combattu pied à pied, non les armées d'un seul roi, mais vingt rois réunis pour accabler une poignée de braves *que leur livroit la perfidie!* ô phalanges invincibles et immortelles! ô Guerriers citoyens! la patrie vous doit des louanges et des larmes!

C'est vous qui l'avez connu cet amour de la patrie

dans toute sa grandeur, *ce qu'ils ont dit, vous l'a-
vez exécuté*. Dans vos ames généreuses, que le vil
égoïsme et le sophisme mensonger n'avoient point
corrompue, la pensée première du beau n'étoit pas
altérée : vous avez obéi à ces principes nobles et ma-
gnanimes que tous les hommes pourroient suivre,
sans la maladie morale qui leur ôte le goût de tout
ce qui est beau, bon et juste.

Oui, vous avez présenté dans les temps modernes
la vertu sublime des temps antiques. En vous adres-
sant les considérations sur le Tableau de Léonidas,
je ne prétends pas vous louer : qui suis-je pour parler dignement de vous ? mais il doit être permis
à une femme, qui a dévoué sa vie au deuil pour la
patrie, d'adoucir sa douleur par le souvenir de votre
gloire !

Un bruit de guerre homicide vient retentir dans
les tombeaux et troubler ces ombres déjà si offensées
de tant d'insultans triomphes sur leurs funérailles !
Guerriers de la patrie ! vous vengerez tant de victimes
immolées à la perfidie et à la trahison, vous ferez
repentir les barbares qui ont massacré et accablé
vos frères d'armes !.....

Vous avez sauvé l'honneur français, vous êtes les
conservateurs du feu sacré. La France, détrompée
de sa funeste confiance aux promesses fallacieuses,
se levera toute entière pour vous; les filles de la patrie vous entoureront de tous leurs soins, vous ac-
compagneront de tous leurs vœux ! Allez, Guerriers

invincibles, avec un chef toujours victorieux, punir tant de crimes qu'on décore du nom de vertus!

Vous rendrez à la patrie sa grandeur et sa puissance, afin que le repos soit celui de la gloire et non celui de la honte. C'est pour une patrie si glorieuse, qu'indignés qu'elle pût leur être ravie, vos frères d'armes ont reçu généreusement la mort : vous, qui leur survivez, vous brûlez de les imiter. Vous serez plus heureux, vos dernières victoires assureront à jamais l'indépendance de la France ; condition la plus juste que puisse imposer une nation, quand elle est aussi magnanime qu'elle est puissante.

NAPOLÉON! tu reviens régner sur la France; l'honneur et la patrie t'ont rendu la couronne, tu as invoqué les plus beaux sentimens qui honorent l'espèce humaine, et ta marche rapide a été semblable à celle de l'électricité. Cette révolution n'a coûté ni sang ni larmes, elle est la victoire de la véritable force sur les prestiges mensongers de l'hypocrisie et du crime! tu as parlé d'honneur, ils ont parlé de meurtre et de poison ; tu as parlé du peuple, ils ont nommé le roi ; tes nobles étendards étoient ceux que la victoire et la patrie avoient consacrés.

Ils ont cherché à déshonorer nos Guerriers, en mettant à prix ta tête, en essayant de placer la perfidie parmi des hommes sans reproche. Gloire à ces Guerriers, toute la magnanimité des armées s'est montrée pendant ces derniers jours.

Si dans la hauteur de ton génie tu médites sur les

causes de ta grandeur première, et sur celle plus merveilleuse encore que tu viens d'acquérir; tu trouveras que l'une et l'autre appartiennent aux mêmes principes. Tu seras le témoignage immortel de toute la puissance que peut exercer un grand homme qui s'unit, par un courage invincible et la volonté la plus héroïque, aux idées généreuses et universelles de son siècle, et de tous les malheurs qu'il peut éprouver quand il s'en écarte?

Il y a peu de souverains à qui la vérité fasse une telle faveur que de les admettre dans son temple de leur vivant : puisse-tu ne jamais oublier ses terribles leçons : puisse la flatterie qui suit toujours le succès ne plus te nuire. Comme Hercule, tu as laissé sur ton rocher cette tunique, présent funeste du mensonge : tremble de la reprendre, elle n'a rien perdu de son poison!

Puisse ma patrie jouir sous ton règne de la prospérité et de la gloire que lui ont si bien mérité tant de Héros qui sont morts pour elle !

ANALYSE DU TABLEAU
DE LÉONIDAS
AUX THERMOPYLES.

Le Tableau des Spartiates aux Thermopyles est le plus beau qui ait paru dans l'école française ; je n'en excepte pas même ceux de l'auteur, et je ne puis rien dire de plus. Le Socrate, le Brutus, le Bélisaire, le Serment des Horaces, les Sabines, placent depuis long-temps M. David, au premier rang, parmi les peintres modernes. (1)

La beauté d'un tableau dépend du choix du sujet, des idées qui environnent la pensée première ; une pensée est d'au-

____

(1) Pour bien caractériser les arts, il est nécessaire de considérer les idées qui appartiennent au beau, dans les siècles où paroissent les artistes. La pensée patriotique est la seule qui, dans les temps modernes, ait pu fournir des sujets véritablement grands et héroïques.

tant plus belle, qu'elle renferme un plus grand nombre d'idées accessoires : c'est ce qui distingue l'œuvre du génie : c'est le génie d'Homère, c'est le génie des anciens : beaucoup avec peu!

Quand l'exécution la plus parfaite répond à la beauté du sujet, à la grandeur des pensées et des sentimens; on peut affirmer que toute la perfection de l'art se trouve dans un tableau qui remplit toutes ces conditions.

Le sujet du tableau de Léonidas est le plus beau qu'on puisse choisir; puisqu'il est l'expression du dévouement le plus héroïque des temps antiques, de ces temps où la rivalité pour la vertu animoit tous les cœurs.

Le tableau des Thermopyles comprend, dans un seul moment, toute l'histoire de Sparte, dans ses rapports religieux, politiques et guerriers; tous les sentimens les plus admirables dont les hommes sont susceptibles s'y trouvent exprimés; sentimens religieux, sentimens de la patrie, sentimens de la famille et de l'amitié.

Il faudroit écrire des volumes, pour rendre tout ce que le grand artiste a réuni dans un cadre si étroit.

La Grèce, attaquée par des armées innombrables, trouva, dans son union, dans son courage, les moyens de résister et de se défendre avec un petit nombre de Héros, contre des hommes qui n'avoient que des corps sans ame, sans esprit, et qui ne connoissoient point le sentiment de la vertu et de la patrie.

Cette époque de l'histoire des Grecs, sera le motif d'encouragement de tous les peuples qui s'estimeront assez pour sentir toute la beauté de la dignité morale, et qui feront le sacrifice des jouissances individuelles à la gloire de la patrie.

Dans tous les temps, les hommes éclairés compareront l'époque des Perses à celle de Philippe ; ils apprécieront les causes qui ont rendu la Grèce victorieuse dans un temps et subjuguée dans l'autre.

« Athènes, dit Montesquieu, avoit sur
» son territoire le même nombre de com-
» battans, à l'époque de sa glorieuse do-
» mination et à celle où elle a été réduite à
» la sujétion la plus humiliante ; elle
» avoit vingt mille hommes armés , lors-
» qu'elle défendoit les Grecs contre les
» Perses , elle en comptoit également vingt
» mille lorsque Démétrius de Phalère en
» fit le dénombrement. »

Ainsi les véritables forces des peuples
sont les forces morales, et s'il pouvoit rester
quelque doute à cet égard, la Grèce vien-
dra toujours s'offrir en témoignage pour
affirmer ces vérités sublimes et terribles.

« Xerxès attaquoit la Grèce (*) avec une
» armée de plusieurs millions d'hommes ;
» après la revue de son armée et de sa
» flotte, il fit venir le roi Demarate,
» qui, exilé de Lacédémone quelques
» années auparavant, avoit trouvé un
» asile à la cour de Suse. Pensez-vous, lui

(*) *Voyage d'Anacharsis.*

» dit

» dit Xerxès, que les Grecs osent me
» résister? (*Demarate ayant obtenu la
» permission de dire la vérité*) : les
» Grecs, répondit-il, sont à craindre, parce
» qu'ils sont pauvres et vertueux ; sans
» faire l'éloge des autres, je ne vous par-
» lerai que des Lacédémoniens, l'idée de
» l'esclavage les révoltera. Quand toute
» la Grèce se soumettroit à vos armes,
» ils n'en seroient que plus ardens à dé-
» fendre leur liberté ; ne vous informez
» pas du nombre de leurs troupes, ne
» fussent-ils que mille, fussent-ils moins
» encore, ils se présenteroient au combat.
» Le roi se mit à rire, et après avoir
» comparé ses forces à celles des Lacé-
» démoniens : ne voyez-vous pas, ajouta-
» t-il, que la plupart de mes soldats pren-
» droient la fuite s'ils n'étoient retenus
» par les menaces et les coups ; comme
» une pareille crainte ne peut agir sur ces
» Spartiates, qu'on nous peint si libres
» et si indépendans, il est visible qu'ils
» n'affronteront point gratuitement une

» mort certaine : et qui pourroit les y
» contraindre ? *La loi*, répliqua Dema-
» rate, *cette loi* qui leur dit : voilà vos
» ennemis, il ne s'agit pas de les compter,
» il faut les vaincre ou périr ! Les rires de
» Xerxès redoublèrent à ces mots ; il
» donna ses ordres, et l'armée partit di-
» visée en trois corps.

» De misérables rivalités de comman-
» dement privèrent les Grecs du secours
» de Gélon, roi de Syracuse ; ce roi donna
» le modèle de la conduite que tiennent
» toujours ceux qui ne sont point animés
» par le noble sentiment de la vertu ; il
» fit partir pour Delphes un nommé Cad-
» mus, avec ordre d'attendre l'événement
» du combat, de se retirer si les Grecs
» étoient vainqueurs, et s'ils étoient vain-
» cus, d'offrir à Xerxès l'hommage de
» sa couronne, accompagné de riches
» présens.

» La plupart des négociations qu'enta-
» mèrent les villes confédérées n'eurent
» pas un succès plus heureux. Les habi-

» tans de Crète consultèrent l'oracle, qui
» leur ordonna de ne pas se mêler des
» affaires de la Grèce. Ceux de Corcyre
» armèrent soixante galères, leur enjoi-
» gnirent de rester paisiblement sur les
» côtes méridionales du Peloponèse et
» de se déclarer ensuite pour les vain-
» queurs.

» Il ne restoit, pour la défense de la
» Grèce qu'un petit nombre de peuples et
» de villes; Thémistocle étoit l'ame de
» leurs conseils et relevoit leur espérance,
» employant tour à tour la persuasion
» et l'adresse, la prudence et l'activité,
» entraînant tous les esprits, moins par
» la force de son éloquence, que par
» celle de son caractère.

» Il fut résolu, dans la diète de l'isthme,
» qu'un corps de troupes, sous la con-
» duite de Léonidas, roi de Sparte, s'em-
» pareroit du passage des Thermopyles,
» situé entre la Thessalie et la Locride,
» que l'armée navale des Grecs attendroit
» celle des Perses dans les parages voisins,

» dans un détroit formé par les côtes de
» Thessalie et par celles de l'Eubée.

» Léonidas, en apprenant le choix de
» la diète, prévit sa destinée et s'y sou-
» mit avec cette grandeur d'ame, qui ca-
» ractérisoit alors sa nation ; il ne prit
» pour l'accompagner que trois cents
» Spartiates qui l'égaloient en courage.
» Les éphores lui ayant représenté qu'un
» si petit nombre ne pouvoit lui suffire :
» *Ils sont bien peu, répondit-il, pour*
» *arrêter l'ennemi ; mais ils ne sont que*
» *trop pour l'objet qu'ils se proposent.*
» Et quel est donc cet objet, demandèrent
» les éphores ? *Notre devoir*, répliqua-
» t-il, *est de défendre le passage*,
» notre résolution d'y périr ; trois cents
» victimes suffisent à l'honneur de Sparte,
» elle seroit perdue sans ressource si elle
» me confioit tous ses guerriers ; car je ne
» présume pas qu'un seul d'entre eux osât
» prendre la fuite.

» Quelques jours après on vit à Lacé-
» démone un spectacle qu'on ne peut se

» rappeler sans émotion ; les compagnons
» de Léonidas honorèrent d'avance son
» trépas et le leur par un combat funèbre
» auquel assistèrent leurs pères et leurs
» mères ; cette cérémonie achevée, ils
» sortirent de la ville, suivis de leurs
» parens et de leurs amis, dont ils reçu-
» rent les adieux éternels ; et ce fut là
» que la femme de Léonidas lui ayant
» demandé ses dernières volontés : Je
» vous souhaite, lui dit-il, un époux
» digne de vous et des enfans qui lui
» ressemblent. (*Voyage d'Anachar-*
» *sis.*) »

La mémoire du dévouement des Spartiates a subsisté plus long-temps que l'Empire des Perses auquel ils ont résisté :
Lacédémone s'enorgueillit de la perte de
ses guerriers ; tout ce qui les concerne
inspire de l'intérêt. Pendant qu'ils étoient
aux Thermopyles, un Trachinien, voulant
leur donner une idée de l'armée de Xerxès,
leur disoit que le nombre de leurs traits
suffiroit pour obscurcir le soleil. « Tant

» mieux, répondit le Spartiate Dianécès,
» nous combattrons à l'ombre. »

Le dévouement de Léonidas et de ses compagnons, produisit plus d'effet que la victoire la plus brillante ; il apprit aux Grecs le secret de leurs forces, aux Perses celui de leur foiblesse. Xerxès effrayé d'avoir une si grande quantité d'hommes et si peu de soldats, ne le fut pas moins d'apprendre que la Grèce renfermoit dans son sein une multitude de défenseurs aussi intrépides, et que huit mille Spartiates pareils à ceux qui venoient de périr étoient prêts à marcher ; d'un autre côté, l'admiration dont les Grecs furent pénétrés pour ces héros se changea bientôt en un désir violent de les imiter.

L'ambition de la gloire, l'amour de la patrie, toutes les vertus furent portées au plus haut degré, et les ames à une élévation jusqu'alors inconnue : *C'est là le temps des grandes choses*, ce n'est pas celui qu'il faut choisir pour donner des fers à des peuples libres.

Xerxès, croyant les peuples de la Grèce effrayés, demandoit ce que faisoient les peuples du Péloponèse : « Ils célèbrent » les Jeux Olympiques, lui répondit-on, » et sont occupés à distribuer des cou- » ronnes aux vainqueurs. »

C'est le trait le plus magnanime *de ce temps des grandes choses* qu'il falloit représenter ; c'est ce sacrifice admirable par le calme impassible qui se dévoue volontairement et avec joie ; enfin ce dernier terme de courage et de vertu qu'il falloit montrer dans toute la perfection de l'art.

Comment bien exprimer cette vertu héroïque, cette fermeté invincible de Léonidas, ce caractère moral si difficile à peindre, puisque l'action en est toute intérieure.

« Si tu veux te soumettre, écrivit Xer- » xes à Léonidas, je te donnerai l'Em- » pire de la Grèce. Léonidas répondit : » *J'aime mieux mourir pour ma pa-* » *trie que de l'asservir!* Une seconde

lettre du roi ne contenoit que ces mots :
» Rends moi tes armes; » Léonidas
écrivit au-dessous : « *Viens les pren-*
» *dre.* »

Le Léonidas de M. David est aussi
beau que celui des anciens , c'est ce que
prouvera l'examen de son tableau.

Le moment de l'action que ce grand
artiste a choisi annonce toute la profondeur de son génie, et combien l'étude
qu'il a faite des beautés antiques a été
réfléchie; la difficulté de ce tableau étoit
sur-tout de rendre d'une manière animée
des sentimens calmes ; comme la vertu,
et la mort pour la patrie et pour la loi ?

La scène du tableau n'est point le premier combat où les Grecs avoient attaqué
les Perses avec un grand avantage; mais
c'est la préparation au dernier combat des
Spartiates; quand les Perses instruits par
Ephialtès, habitant de ces contrées, du
sentier fatal par où on pouvoit tourner
les Grecs, parurent tout-à-coup sur les
hauteurs qui dominoient les défilés. Léo-

nidas avoit été instruit pendant la nuit
du succès des Perses ; à cette terrible nouvelle, les chefs des Grecs s'assemblèrent :
comme les uns étoient d'avis de s'éloigner
des Thermopyles, les autres d'y rester,
Léonidas les conjura de se réserver pour
des temps plus heureux, et déclara que
quant à lui et à ses compagnons, il ne
leur étoit pas permis de quitter un poste
que Sparte leur avoit confié. Les Thes-
piens protestèrent qu'ils n'abandonne-
roient point les Spartiates ; les quatre
cents Thébains, soit de gré, soit de
force, prirent le même parti, le reste
de l'armée eut le temps de sortir du
défilé.

Cependant Léonidas se disposoit à la
plus hardie des entreprises : « Ce n'est
» point ici, dit-il à ses compagnons, que
» nous devons combattre ; il faut marcher
» à la tente de Xerxès, l'immoler ou périr
» au milieu de son camp. » Ses compagnons ne répondirent que par un cri de
joie ; il leur fait prendre un repas frugal,

en ajoutant : « Nous en prendrons bientôt
» un autre chez Pluton. »

Pour que la peinture, cette poésie
muette, produise tout l'effet qu'on doit
en attendre, il faut qu'elle laisse derrière
elle beaucoup d'événemens qu'elle carac-
térise par la fin de l'action, ou qu'elle
fasse deviner les plus grandes choses dans
l'avenir ; c'est l'action de l'avenir que re-
présente le tableau des Thermopyles ;
c'est la préparation à la mort et au
combat.

Chez les Spartiates, l'amour de la
patrie avoit absorbé toutes les affections
individuelles ; tous les sacrifices pour la
patrie étoient regardés comme un bonheur et une gloire, dont il falloit rendre
grace aux Dieux. Ainsi les Spartiates alloient à la mort couronnés de fleurs, après
avoir peigné leur chevelure et offert des
libations aux Dieux immortels.

Ainsi dans le tableau des Thermopyles,
un festin, des libations, préparent cette
pompe funèbre ; c'est Hercule, chef des

Héraclides, le Dieu de la force, de la constance dans les plus grands malheurs, qu'ils invoquent avant de combattre, attendant comme lui l'immortalité qui appartient aux grandes actions.

Léonidas occupe le milieu du tableau, il étoit assis sur une roche pour le festin et les libations; l'heure de la mort est venue, il prend cette épée, si souvent redoutable aux ennemis, ce bouclier qui ne doit plus le défendre; cet élan de courage, cette ardeur de son ame généreuse, sont suspendus par la méditation et l'invocation aux Dieux de Sparte.

Ce mouvement qui précède le repos de Léonidas est un trait de génie qu'on ne peut se lasser d'admirer; il donne à la pose une force et une expression étonnante.

Dans cette tête sublime, toutes les expressions sont réunies, c'est le *justum et tenacem*, l'homme viril et plein de courage; toute la grandeur de la patrie est présente à son *ame profonde*; l'invocation fixe ses yeux vers le ciel dans une immobilité qui exprime toute l'étendue de son dévouement.

Si le courage, qui appartient à l'homme, s'étoit montré seul sur la figure de Léonidas, elle n'auroit point ce caractère de beauté idéale qui ravit et transporte ; le *justum et tenacem* d'Horace est dur et farouche, supérieur à Jupiter lui-même ; jamais on ne pourra mieux exprimer la force de la volonté humaine dans toute sa grandeur et sa majesté ; mais c'est le juste des temps corrompus où l'homme de bien est obligé à des efforts de courage étonnans pour lutter contre la corruption universelle ; c'est le juste de ces temps désastreux ou la pensée divine exilée de la terre, il n'y a rien de plus grand que *l'homme.*

Mais les héros de l'antiquité sont tous religieux et le culte des Dieux accompagne toujours le courage et le dévouement à la patrie ; c'est le sentiment religieux qui produit le beau idéal, qui est toujours une idée

spirituelle que l'artiste a voulu représenter, et le tableau est d'autant plus parfait
que cette pensée intérieure est rendue
plus sensible par l'expression.

Ainsi, dans la tête de Léonidas, tous
les genres de beauté y sont exprimés ; la
force morale est dans la bouche et toutes
les parties inférieures ; il n'y a point de
sourire sur ces lèvres, mais l'expression
des yeux en empêche la dureté ; dans
ce regard sublime se peint la fatale nécessité de la mort, la tendre pitié pour
ses compagnons, la soumission à Sparte,
la conviction de l'immortalité et l'espérance aux Dieux.

Comme chef, Léonidas porte la respon-
sabilité de cette grande action ; c'est lui
qui donne l'ordre, mais tous les Spartiates
partagent l'honneur du dévouement ; à
Sparte, le roi étoit chef de la patrie ; mais
chaque citoyen apportoit en offrande son
amour, son courage et sa vie.

La perfection du dessin, la profondeur
de la composition, la beauté de la cou-

(3o)

leur, la vérité des détails, ajoutent encore au sublime silence de cet admirable tableau. Léonidas semble vivre et sortir en relief hors de la toile, il n'y a pas jusqu'à cette épée dont l'étonnante illusion n'ajoute à l'immobilité de toute la pose.

La jambe droite est fortement tendue, car le repos du héros n'est pas celui de la mollesse, mais celui de la prière et de la méditation ; la jambe gauche repliée avec force donne encore plus d'énergie à toute l'expression (*).

Ainsi le sujet du tableau a déjà toute son exposition ; à la première vue, on n'aperçoit que Léonidas ; chaque spectateur reste fixé par l'admiration en présence du beau rendu sensible par la puissance du plus grand talent.

Le caractère particulier du beau est

____

(*) Quand les détails ne servent pas à l'expression ou au développement du sujet, ils sont inutiles et annoncent la dégradation de l'art ; ici les détails sont sublimes, puisqu'ils ajoutent une grande vérité à l'action de tous les personnages.

d'exciter ce silence admiratif, qui suspend tout mouvement, toute réflexion ; c'est l'effet dont j'ai toujours été témoin, dans les nombreuses et longues séances que j'ai faites devant cet admirable tableau.

Autour de moi j'entendois répéter sans cesse : Ah! que ce Léonidas est beau ! Ainsi l'existence du *beau* est réelle, le sentiment en est instinctif, et tous les hommes l'éprouvent quand ils n'ont pas fanné cette vue si pure par des verres trompeurs.

Au dessous de Léonidas se trouve Agis, le frère de sa femme, qui, ayant déposé la couronne de fleurs qu'il portoit pendant le sacrifice, va se couvrir de son casque ; les yeux tournés vers son général, il attend ses ordres.

L'expression de cette figure est parfaite, pour rendre avec la plus grande vérité ce dévouement des Spartiates qui n'alloient à la mort qu'à l'ordre de la patrie, et quand sa gloire l'ordonnoit. Jamais le guerrier Spartiate ne connut la gloire individuelle ; jamais il ne fut emporté par un enthousiasme personnel ; toujours Sparte, jamais l'individu ; c'est ce sentiment exprimé dans la figure d'Agis, qui a fait la force de Sparte pendant tant de siècles, et qui l'a conservée seule parmi toutes les ruines des villes de la Grèce, où l'individualité avoit introduit la division, symptôme de mort pour toutes les nations.

Quelle beauté dans les traits de cet Agis! quelle harmonie! quel repos! quelle vertu, que celle qui ne permet pas le moindre signe ni d'orgueil ni de crainte. Il attend pour poser son casque l'ordre du chef. Il connoît cependant mieux qu'un autre les vues sublimes de ce chef : mais l'obéissance à la loi lui défend tout mouvement qui blesseroit cette subordination par laquelle les armées subsistent et sont victorieuses.

Toute l'attention d'Agis est arrêtée sur le général, son attitude est admirable, il est assis *sans être posé*; il est déjà debout et son action n'est suspendue que par le respect pour la loi !

Le dévouement de la vertu et de l'obéissance, exprimé dans Agis, se montre dans les jeunes gens par l'ardeur et l'empressement ; deux de ces jeunes guerriers quittent leur couronne, courent aux armes, dès que les trompettes qui annoncent l'arrivée des Perses se sont fait entendre.

Plus loin, un des chefs dévoué au culte d'Hercule, dont il porte les armes et le costume, s'empresse de ranger des troupes en bataille : Venez, venez, l'heure de mourir est venue, voici l'heure de la gloire ! venez, les Dieux et Sparte l'ordonnent ! Le grand prêtre le suit, il invoque Hercule pour le succès de leurs armes, du doigt il montre le ciel !

Toute l'antiquité est un témoignage étonnant de ces rapports religieux, jamais les anciens ne faisoient aucune action sans consulter les Dieux : ils étoient présens par-tout et jusque dans leurs foyers domestiques. Le sentiment religieux étoit toujours vrai,

malgré les fables et les erreurs de leur reli-
gion, et leurs habitudes morales, qui étoient
souvent dignes de reproches. Les marches
forcées, les combats continuels, n'inter-
rompoient jamais les sacrifices.

Dans cette mémorable retraite de Xénophon, exemple immortel de ce que peuvent
la valeur et l'intelligence, la prière étoit
continuelle ; on sacrifioit le soir pour n'être
pas arrêté dans la marche du lendemain.
Xénophon lui-même étoit si attentif au
culte des Dieux, que rien ne pouvoit le
distraire.

Dans les premiers âges du monde, dans
ces temps voisins des traditions, les hommes avoient la mémoire de la puissance et
de la bonté divine ; ainsi c'est du ciel qu'ils
attendoient tout secours et tout bien. Toute
l'antiquité est le témoignage de ces rapports
de Dieu et des hommes. Dans quelque lieu
retiré où l'on puisse pénétrer, on retrouve
cette prière continuelle qui ne s'interrompt
jamais.

Si Énée, arrivant comme étranger sur

les rives d'Ausonie, demande l'hospitalité chez le roi Latinus, il la demande au nom des Dieux, il la reçoit au nom des Dieux !

Si la nécessité de se défendre contre Turnus l'oblige de chercher des alliés, il ne trouve sur cette terre inhospitalière qui croît soutenir une guerre juste, que le seul Evandre qui veuille se réunir à lui. Dans la pauvreté de cet Evandre, dans la peinture si touchante de cette simplicité des premiers temps, on retrouve le même sentiment religieux qui vivifie l'antiquité. A quoi s'occupoient et le roi et le peuple ? à offrir un sacrifice à Hercule. L'arrivée d'Enée n'interrompt point cette œuvre de prière : quand il a parlé au nom des Dieux, quand l'alliance est promise au nom des Dieux, les sacrifices recommencent. Ainsi le nœud religieux unissoit tous les hommes et toutes les contrées.

Mr David a suivi cette sublime tradition, c'est une des principales causes de la beauté du tableau des Thermopyles :

ôtez la pensée religieuse de ce tableau, il n'a plus d'étendue, il n'a plus d'idéal ; il n'a plus d'avenir !

Deux jeunes gens que Léonidas avoit voulu sauver, sous le prétexte d'une commission secrète, ont pénétré l'intention de leur général ; ils lui font cette réponse énergique : « Nous ne sommes pas ici pour por- » ter des ordres, mais pour combattre. »

L'amour de la patrie étoit dans tous les cœurs ; les enfans, les femmes, les vieillards en éprouvoient comme les hommes toute la puissance ! L'un de ces jeunes gens court embrasser son vieux père . qui ne s'afflige point de voir son fils se dévouer à la mort : il craint seulement une foiblesse bien naturelle dans un âge aussi tendre. Le jeune adolescent met la main de son père sur son cœur, afin de lui faire sentir que le moindre frémissement ne déshonore *ni son père ni la patrie* !

Quel peintre que Mr David ! avec quel génie il a caractérisé toutes les nuances et tous les effets du même sentiment! Ce vieillard qui embrasse son fils ne connoît ni regrets ni larmes ; il tremble seulement de ne pas le trouver digne de la mort.

Le frère de ce jeune homme, encore couronné de fleurs, attache son cothurne pour se préparer au combat. Les Spartiates ne connoissoient ni le désordre ni l'emportement ; mourir pour la patrie étoit une fête nuptiale à laquelle ils se préparoient avec le plus grand soin.

Un aveugle, que Léonidas avoit envoyé à Sparte, revient de nouveau pour employer sa dernière force à la défense commune ; ses yeux ne peuvent lui montrer Sparte, mais son cœur lui fait sentir qu'elle existe ; comme un objet que le tact fait toucher quand les yeux n'en montrent plus l'image chérie.

Il emprunte un secours étranger pour le guider, mais son bras lui reste, il appartient à la patrie. Qu'elle est admirable cette figure d'aveugle ! il ne sait où poser ses pieds ; mais sa main est encore ferme et sûre ; il tient sa lance d'une main, et de l'autre , il cherche l'ennemi. Quelle expression dans cette tête ; quel mâle caractère dans tous les traits ! Ainsi étoient les enfans ; ainsi étoient les vieillards : qu'étoient donc les hommes ?

Un guerrier veut transmettre à la postérité le souvenir de cette glorieuse journée; il s'élance, et grave avec le pommeau de son épée , sur la roche couverte de mousse, cette inscription à jamais mémorable :

Etranger , vas dire à Sparte que nous sommes morts ici , pour obéir à ses saintes lois.

O admirable inscription ! Ces deux lignes sont l'histoire de six cents ans. Quelle proclamation de la grandeur morale des Grecs , quelle noble sécurité de l'honneur qui seroit rendu à leur mémoire! Le premier inconnu devoit sentir la beauté de cette mort! mais c'étoit à Sparte que la nouvelle devoit en être portée ! c'étoit à Sparte qu'il falloit être honoré ! Sparte étoit l'univers pour le guerrier et le citoyen !...

O Guerriers français ! qui écrira pour vous ? quelles roches porteront les inscriptions de votre mort glorieuse ? quelles contrées peuvent ignorer tant de sacrifices à l'honneur et à la patrie ! Les Spartiates combattoient pour leurs foyers, près de leurs amis, de leurs concitoyens ; mais vous ! toujours vainqueurs, toujours supérieurs à toutes les calamités, vous avez montré le même courage, le même dévouement, depuis les sables brûlans du Midi jusqu'aux rives glacées de l'Ourse.

Quatre jeunes Spartiates, quatre amis se tenant serrés, s'embrassent pour la dernière fois, et jurent de réaliser par une mort glorieuse l'obligation que cette inscription leur impose.

Ainsi les Grecs avoient honoré l'amitié, quand elle étoit vouée au culte de la patrie. Je suis loin de croire que l'amitié chez les anciens puisse mériter les reproches des gens de bien, sur-tout chez les Spartiates. Il est impossible d'allier tant de grandeur à tant d'infamies ! les vices ont des affinités communes, comme les vertus. Ce mâle courage, ce dévouement admirable, qui pourroit sembler fabuleux, s'il n'étoit affirmé par tous les historiens, ne s'accordent point avec des crimes dont il faut détourner la pensée avec horreur ! Comment concevoir l'enthousiasme pour le beau, avec des habitudes qui détruisent toute morale !

Les hommes n'aiment et ne suivent que le beau ; on ne peut enlever les ames que par l'admiration ; c'est toujours une idée grande et généreuse, autour de laquelle tous les mouvemens se co-ordonnent. Tout l'art du mensonge consiste à prendre le masque du beau pour séduire par ses traits empruntés ; tous les sophismes marchent à sa suite pour éblouir les hommes, qui en le suivant pensent encore suivre le beau.

Ainsi la patrie, cette *unité invisible*, qui se compose de toutes les volontés qui

forment autant de rayons qui aboutissent
au même centre, la patrie, n'a d'existence
que par l'admiration : car sans l'admiration
point de dévouement.

Le législateur de Sparte avait trouvé
le secret de lier avec des chaînes de dia-
mant tous les cœurs à la patrie, et ce
nœud caché et inconnu étoit le beau qui
excitoit l'admiration.

C'est ce sentiment qui place ici tous ces
guerriers, disposés à souffrir tous les maux,
qui consentent à mourir pour que leur
mémoire soit honorée à Sparte. C'est par
ce sentiment de l'admiration que ces héros s'isolent de toute la terre.

De tous les effets magiques de ce tableau, le plus puissant peut-être, celui qui
fait vraiment frissonner ; ce sont tous ces
bagages, tous ces esclaves, tous ces mulets,
renvoyés à Sparte. Il n'y a plus de vie autour des Spartiates ; *ils vont souper chez
Pluton ;* on a renvoyé jusqu'aux lyres qui
ont servi à chanter les hymnes des Dieux.
Ce dernier mouvement, qu'on aperçoit

dans le lointain, rend plus sombre et plus ténébreux ce long silence de la mort qui va couvrir le camp des Spartiates.

Mais rien de ce qui est *vivant* ne peut périr, tout ce qui appartient au beau est immortel. Ainsi cette mémorable action est présentée devant nous comme si nous étions des Grecs : le génie nous a rendu tous les sentimens dont les anciens étoient pénétrés : c'est ce beau inconnu, senti par tous, qui a réuni tous les suffrages sur ce tableau vraiment admirable !

Si jamais, comme je l'espère, on élève un monument aux armées françaises, je suis sûre que ce tableau en décorera l'enceinte, et l'art se trouvera ce qu'il étoit chez les anciens, l'expression de la reconnoissance nationale.

Les guerriers devant ce tableau viendront apprendre à mourir pour la patrie et la loi !

Et les législateurs à faire des lois pour que les guerriers veuillent mourir.

CORRESPONDANCE,

POUR SERVIR DE RÉPONSE A L'HISTOIRE DE M. DE BEAUCHAMP,

Et de témoignage du patriotisme des Guerriers Français, dans la Campagne de 1814.

MOTIFS

Qui font publier cette Correspondance.

CE n'est pas sans la plus amère douleur que j'ai vu les Guerriers Français offensés par des soupçons injustes. Quoi! les soldats dignes des vainqueurs de Platée, de Salamine, de Marathon, des Thermopyles, sont devenus des janissaires, des soldats prétoriens, des sicaires, des satellites du pouvoir, des parjures!

J'avois pu supporter en silence les injures des ennemis de la patrie; mais les amis de la liberté méconnoître les Guerriers Français qu'ils ont loués et défendus avec tant de courage et d'éloquence! ah! je n'ai pu soutenir cette atteinte!

Et toi aussi Brutus!

Je publie la Correspondance d'un Officier d'artillerie qui a fait la guerre pendant douze ans, qui gémissoit plus qu'un autre de cette guerre éternelle, qui ne désiroit que le repos et le bonheur domestique, toujours dévoué à sa patrie dès les premières années de sa jeunesse (*).

Si les sentimens patriotiques, qui se trouvent exprimés dans ces lettres avec tant de naïveté et de simplicité, n'étoient pas ceux de tous les militaires, je ne les aurois pas publiés. La douleur ne me feroit jamais arriver à la honteuse *individualité* que j'abhorre plus que jamais par tout le mal qu'elle a fait à ma patrie; mais c'est toujours au nom de

---

(1) Etant élève de l'École Polytechnique, un de ses camarades, qui avoit demandé à entrer comme constructeur de vaisseaux, et ne trouvant pas en France l'emploi de ses talens, vouloit aller en Russie pour y obtenir une place tres-avantageuse. Quoi! tu voudrois, lui dit son camarade, faire jouir les étrangers de l'instruction que tu as reçue en France! J'aimerois mieux mourir de faim que de donner aux *étrangers* les avantages des sciences que nous avons apprises dans notre école.

Le jeune constructeur a pris un autre état; mais il est resté en France.

de ses camarades qu'il parle ; *c'est toujours nous , c'est un témoin parmi les morts* qui atteste la grandeur et la générosité des Guerriers Français.

On raisonne beaucoup sur les principes, on parle du gouvernement militaire, sans rechercher les causes qui amènent chez les nations ce gouvernement ; mais je crois que ces questions ne sont pas bien éclaircies, faute de remonter à un principe certain qui résout tous les problêmes.

Cet exemple de l'Empire romain est un épouvantail dont on se sert pour détruire la véritable force de la France; ce n'est point la grandeur guerrière qu'il faut abaisser ; une nation qui détruit chez elle ce premier principe conservateur ne fait que transporter à l'ennemi la puissance qu'elle possédoit , et la morale et la justice n'en sont pas mieux respectées. Le Congrès de Vienne a prouvé que la force militaire n'étoit plus en France.

Le partage des nations, par le calcul le plus honteux, a succédé à la conquête noble et franche qui honore toujours les peuples, car elle est le prix du sang et de la valeur.

La gloire qui s'acquiert par les armes et dans les dangers est la première de la terre , et toutes les philosophies ne détruiront point un instinct donné par Dieu même pour la conservation des sociétés.

C'est aux Guerriers Français que la patrie doit encore son existence ! Les ennemis éblouis de leurs exploits n'ont osé l'anéantir ! Cette terre des braves étoit mouvante sous leurs pieds, et les ombres de tant de héros les effrayaient de leur présence invisible !

L'épée de Camille change les destins de Rome et fait jeter l'or des balances.

C'est aux militaires français que la Pologne doit sa résurrection ; depuis un an quel étoit son sort !

C'est par l'absence de nos guerriers que les nations ont été pesées, repesées, démembrées à la volonté de ceux qui ne les craignoient plus. Les nations ont-elles été plus en repos depuis le traité honteux de Paris ? A-t-elle eu le repos cette Allemagne déchirée par tant d'intérêts divers ? A-t-elle le repos cette Italie à la veille d'une guerre civile ?

Les entendez-vous ces spoliateurs parler de Dieu, de justice, de vertu, de patrie ! Chargés des dépouilles des nations, ils parlent de respect aux propriétés ; ils pensent sans doute que les peuples aient été froids spectateurs de tant d'injustices qu'ils ont éprouvées.

Les troupeaux ne se plaignent point quand on les partage et qu'on en fait le dénombrement; mais tant que l'espèce humaine conservera le sentiment du juste et de l'injuste, elle réclamera contre ces actes d'oppression.

Les puissances coalisées avoient, en 1814, les apparences de la justice; notre conduite avoit fait leur force; nous étions haïs, elles ont pris notre place; elles éprouveront les mêmes malheurs. Les rois apprendront que ce n'est jamais cette justice tardive qui est l'effet de la crainte, qui ramène les cœurs; mais cette concession libre et généreuse de la puissance, pour le bonheur des peuples.

Vous-mêmes, amis de la liberté, considérez bien quelle étoit votre position avant les derniers événemens; c'est la crainte seule qui engageoit à toutes ces concessions simulées; c'est la crainte des guerriers qui a fait prêter tant de sermens hypocrites; c'est contre eux que les mots de liberté, de constitution étoient prononcés.

Transportez-vous à ce temps où les armées de la patrie auroient fait place aux armées royales. Croyez vous que votre voix auroit pu se faire entendre? Que sont des voix isolées, si la force nationale et guerrière ne leur prête son appui ; vous auriez été obligé de quitter la France, d'aller dans une terre étrangère porter le regret de la patrie et le souvenir de sa gloire. Alors vous auriez eu le temps de pleurer sur ces nobles enfans de la patrie qui lui ont fait un rempart de leur corps.

Aimons, révérons les Guerriers Français comme la phalange invincible de la France. O Français ! soyez tous guerriers ! soyez tous citoyens !..

CORRESPONDANCE.

Mon cher oncle,

Je m'empresse de vous annoncer que je suis *vivant*, et en bonne santé, après bien des fatigues et des dangers de toute espèce. Je vous prie de me donner de suite de vos nouvelles. Je suis très-inquiet sur toute ma famille, depuis deux mois que je n'ai reçu aucune lettre. Mon plus grand désir est de savoir que vous vous portez bien, ainsi que tous mes bons parens.

J'ai perdu presque tous mes effets, des papiers très-importans ; mais il faut de la philosophie dans toutes les circonstances de la vie, et c'est dans le malheur que la force de caractère doit se déployer.

Nous désirons tous la paix, puisse-t-elle nous réunir et mettre un terme à toutes les horreurs qui accablent l'espèce humaine ! je vous embrasse mille et mille fois ainsi que tous mes bons parens.

. Clèves, le 26 novembre 1813.

M.....

Combien d'événemens se sont passés depuis ma dernière lettre ! que de grâces j'ai déjà rendues à la providence pour sa protection continuelle ! que de dangers j'ai courus , et combien il a fallu de courage pour ne jamais perdre l'espérance.

J'ai un remède certain pour surmonter tous les événemens : vous connoissez mes opinions sur les grandes vérités morales et religieuses; avec un tel bouclier on est invulnérable. J'ai non seulement fait mon devoir jusqu'au dernier moment de la retraite, mais je suis encore en activité de service : je n'ai pas eu un moment de repos, après une si violente maladie et une campagne aussi pénible. Je commande l'artillerie d'une division d'infanterie, et il n'y a que le Rhin qui nous sépare de l'ennemi. Il me semble que c'est dans ce moment que les vrais militaires doivent se montrer ; main-

tenant il faut servir par devoir , par honneur et oublier toute récompense.

J'ai fait un séjour de près d'une semaine
à Cologne, je ne puis vous exprimer de
quelle manière j'ai été reçu et fêté dans
la maison où le sort m'avoit logé. J'étois
chez un négociant très-riche , qui m'a con-
sidéré comme son frère au bout d'un jour
que j'ai été chez lui; ma conversation, ma
manière d'être à son égard, tout lui a plu;
et il a redoublé d'attention , ainsi que toute
sa famille pendant que j'ai été à Cologne.
Si jamais mon état m'imposa une obligation pénible, ce fut celle de quitter si vite
une maison où j'étois si bien : on m'a forcé
d'y vivre, on m'a conduit au spectacle ;
ou cherchoit les vins les meilleurs pour me
remettre de la campagne. Tout cela n'a
été qu'un éclair pour moi, je me suis re-
mis en route avec mes canons, et je me
suis résigné aux événemens , comme je l'ai
déjà fait bien de fois depuis deux ans que
je n'ai eu le plaisir de vous embrasser ainsi
que tous mes chers parens. En attendant

que j'aie le bonheur de vous revoir tous ,
je vous embrasse mille et mille fois par la
pensée !

Votre, etc.

Réponse.

Paris, 1.er décembre 1813.

J'ai laissé à mon mari le plaisir de t'annoncer le premier, que tu avois été nommé
major : pour moi, mon enfant, j'ai été bien
plus sensible à ta conservation qu'à ton
avancement ; tu sais que l'ambition ne
tourmente point mon cœur : si je me per-
mettois de former quelque désir, ce seroit
pour toi que je pourrois implorer la fortune , tu es ma gloire et ma joie sur cette
terre : mais je ne puis souhaiter pour mon
cher enfant que les véritables biens.

J'étois bien sûre que l'ame noble de R...
se seroit développée toute entière dans
les circonstances difficiles ou nous nous
trouvons ; ton cœur français m'étoit connu, je savois bien que l'amour de la patrie étoit le premier des sentimens pour

toi ; sois loué, mon cher enfant, de ce noble courage que je partage bien sincèrement.

«La doctrine de l'intérêt *a fait toute sa révélation*. Elle s'est montrée une véritable banque, dont il faut toujours tenir les actions au plus haut taux possible, si vous voulez conserver des amis et des alliés. J'ai regretté nos frères morts victimes de la plus atroce perfidie ; mais je réserve ma profonde pitié *pour la perfidie heureuse.*

Je sens, mon cher enfant, que tu m'es bien cher ainsi que ton frère, mais j'aimerois mieux vous voir morts tous les deux, que chargés des honteuses récompenses qu'on accorde aux traîtres.

Il y a dans la vertu un charme si extraordinaire, que rien ne peut le remplacer ; tous les objets perdent leur couleur, quand ils ne sont plus éclairés par ce divin soleil.

Ainsi, mon enfant, quelle que soit notre patrie, nous sommes liés à elle, non pour notre utilité, mais pour la sienne ; et les sophismes sur les gouvernemens ne justifieront jamais un citoyen de prendre l'ennemi pour auxiliaire, quand même les plans qu'il pourroit former seroient une véritable utopie dans les principes. Non, jamais le parricide ne peut s'excuser, et placer les ennemis dans son pays sera toujours un crime exécrable.

Je connois depuis long-temps les raisonnemens captieux des ennemis de leur patrie; je connois leurs vœux homicides et les misérables raisons dont ils ont espéré calmer les reproches de leur conscience : mais c'est en vain qu'ils cherchent à se tromper en trompant les autres ; la vérité triomphe tôt ou tard, et si on demandoit aujourd'hui à ces hommes égarés : Qui êtes-vous? *je suis Français.* Avec qui êtes vous? avec les Anglais, les Russes, les Prussiens, les Autrichiens. Qui sont les morts sur qui vous chantez le triomphe? *des Français.* Pour qui chantez-vous l'hymne de la victoire? pour les Anglais, les Russes, les Prussiens, les Autrichiens. Quel est le pays sur lequel vous voulez amener toutes

les calamités ? la France. Qui êtes-vous ?
je suis *Français*.

Ainsi la question réduite à son véritable terme paroît dans toute son horreur.
Quelles plaintes contre le gouvernement
pourront jamais excuser un crime, en qui
tous les crimes se trouvent réunis !

Tu sais, mon cher ami, si j'ai acquis le
droit de parler le langage sévère de la patrie ; jamais je ne prétendis à aucune faveur du gouvernement ; dans le temps de
la splendeur j'ai vécu dans la solitude,
éloignant de moi tout désir de vanité et
de fortune ; je n'ai rien souhaité, que la
gloire et le bonheur de mon pays. Aujour-
d'hui que l'intérêt du gouvernement est si
bien lié à l'intérêt de la patrie, je dois le
défendre de tout mon pouvoir, l'entourer
de ma confiance, oublier toutes les fautes,
ne me souvenir que de sa gloire : c'est ce
que je fais, mon cher enfant ; je défends le
gouvernement par-tout, avec la force de
caractère que tu me connois et la puissance
que donnent 3o ans de désintéressement

et de méditation sur les vrais principes.

Ce qui me rassure sur-tout, c'est la gloire des militaires français. Non, non, trop de lauriers couvrent leur tête, pour que l'infamie et la perfidie puissent y trouver place.

Plût au ciel que les Français n'eussent jamais eu des amis, des alliés, ils seroient encore les invincibles : tant l'unité a de puissance!

Je garde ta lettre avec soin, elle me servira de préservatif contre tous les sentimens égoïstes et malveillans dont la contagion m'environne ; quand je serai bien lassée de vice et de corruption, je penserai à toi, je relirai ta lettre et je me dirai : Remercions Dieu, que ma voix ne se taise plus dans sa louange, pour le bien qu'il m'a donné dans le cher enfant de l'adoption de mon cœur.

J'attends de toi, mon cher ami, la même modération dans le noble dévouement pour ton pays que tu as montré dans tous les temps, c'est dans cette tranquillité

que l'ame puise ces ressources extraordi-
naires qui sauvent des périls.

Adieu, mon cher enfant, je t'embrasse,
et je ne cesserai de prier Dieu pour la
patrie et pour toi.

Châlons, le 2 février 1814.

M....

Depuis long-temps je n'ai reçu de vos
nouvelles, et je n'ai pu vous donner des
miennes, par suite des marches que nous
avons faites pendant le mois de janvier :
enfin nous voici à 30 lieues de la capitale,
et je pourrai avoir sous peu de jours une
réponse à ma lettre. Je suis dans un vil-
lage à deux lieues de Châlons, la ville étant
remplie de troupe. J'ai ramené mon artillerie, au milieu d'une saison bien rigou-
reuse et par des chemins très-mauvais :
souvent je ne suis arrivé au gîte qu'à dix
heures du soir ; mes chevaux de train sont
encore assez beaux. et nous pourrons marcher en avant, dès que le signal sera donné.

Nous attendons le moment d'un combat avec impatience, jamais bataille n'aura été si importante, et jamais nous n'aurons été animés d'un plus beau zèle pour la défense de notre chère patrie. Les sentimens *que je vous exprime sont partagés par tous les militaires français : nous saurons animer le courage des jeunes troupes, et nous saurons vaincre ou mourir s'il le faut.*

Nous avons laissé beaucoup d'infanterie dans les places fortes, et je présume que nous allons recevoir de grands renforts avant de marcher à l'ennemi.

Nous recevons à l'instant l'ordre de partir pour Vitry le Français, je ne puis vous écrire plus long-temps : je vous embrasse mille et mille fois.

Réponse.

Paris, 5 février 1814.

Nous recevons dans l'instant, mon cher ami, ta lettre du 2 février, datée de Châlons ; depuis un mois nous n'avions eu de tes nouvelles , et sans la confiance qui ne m'abandonne jamais , nous aurions été très en peine. Enfin, mon enfant, tu es près de nous; après la victoire, nous te verrons, nous oublierons dans le bonheur de l'amitié tous les maux que tu as éprouvés, tous les dangers que tu as courus dans tous les pays où t'ont conduit ton devoir et ton amour pour ta patrie.

Je t'ai écrit à Nimègue une longue lettre, je ne sais si elle te sera parvenue ; je répondois aux sentimens patriotiques de ton ame généreuse; j'aimois à te voir ce noble élan de la vertu et du désintéressement. Tu sais que mon espérance étoit dans la gloire qui environne nos guerriers depuis si long-temps ; sans les entendre, j'imaginois ce qu'ils devoient penser, et quelle devoit être leur indignation , de voir fouler par des barbares un sol que quatorze siècles de gloire ont rendu sacré.

Ta lettre, en me confirmant l'esprit qui anime tous les militaires, n'a point augmenté ma conviction ; je le savois.

Comme femme, comme française, je partage tous ces sentimens; non, l'histoire n'est point muette pour nous; depuis les femmes gauloises jusqu'à nos jours, les fastes ont conservé les noms d'une multitude de femmes célèbres par le dévouement à la patrie. Que dis-je? toutes les Françaises sont dignes d'éloges; toutes ont filé la rançon de Duguesclin!

Combien ce sentiment doit-être naturel aux femmes! Qui plus qu'elles ont l'intérêt de la conservation de la patrie! ne sont-elles pas mères? ne sont-elles pas épouses? L'homme craint pour sa vie; c'est bien peu en comparaison des maux affreux qui attendent les femmes qui n'ont plus de défenseurs; et c'est le secret de cette alliance intime qui existe dans tous les pays entre les femmes et les guerriers!

Nous avons donc les yeux sur vous; après Dieu, nous plaçons notre espérance en vous: si la foiblesse nous défend le combat, du moins nous rivaliserons avec vous de générosité et de dévouement à la patrie.

(61)

Écris-nous bien souvent, mon cher enfant; je suis sans inquiétude, mais j'aime à
recevoir de tes lettres ; elles me trouveront
toujours occupée de toi. Adieu, cher enfant;
bonheur et *bénédiction* , *prudence* et
courage. Je ne cesserai d'implorer le ciel
pour ma patrie et pour toi.

Provins , le 10 mars 1814.

M....

Depuis long-temps mon cœur a désiré
vous exprimer tout ce qu'il éprouve pour
vous et pour mes chers parens. Il a fallu
de grandes circonstances pour me faire né-
gliger un de mes premiers devoirs ; mais
les obligations du service sont souvent si
grandes, que tout doit être différé, pour
ne s'occuper que du salut de la patrie.

Depuis ma lettre de Meaux, je n'ai pas
eu un moment de repos, j'ai couché huit
jours au bivouac par le froid le plus rigou-
reux. La division à laquelle j'étois avec
mon artillerie a été sans cesse devant l'en-

nemi ; je n'ai pas même eu le plaisir de voir M**.... qui est venue voir son mari.

Après avoir fait notre jonction avec l'armée de l'Empereur , nous avons marché sur Troyes ; delà nous sommes allés à Bar-sur-Seine. J'ai reçu une nouvelle destination dans cette ville; le premier inspecteur de l'artillerie m'a placé au 7.me corps commandé par le Duc de Reggio ; j'ai rejoint mon nouveau corps d'armée au combat de Bar-sur-Aube.

Nous avons été attaqués par des forces très-considérables, nous avons fait retraite en bon ordre, et toutes les troupes se sont concentrées sur la Seine, sous le commandement du Duc de Tarente, dont les talens vous sont connus , jusqu'à ce que l'Empereur revenant sur ce point, nous soyons à même de remarcher en avant.

Notre position est toujours assez fâcheuse; l'ennemi est très-nombreux, et chaque jour qu'il passe sur notre territoire occasionne de nouvelles vexations pour les malheureux habitans. Les Français n'avoient vu la guerre que de très-loin , ils ont fait la fâcheuse expérience de ce terrible fléau : si l'on avoit connu les armées coalisées comme nous, il est certain que tout le peuple se seroit levé en masse. Tous les habitans nous disent qu'ils ont été trompés par les discours de l'ennemi. Espérons que ce qui s'est passé fera ouvrir les yeux aux autres provinces , et que bientôt avec *l'aide de Dieu*, et le génie de l'Empereur, nous serons délivrés de ces armées , qui ne viennent que pour piller et ravager notre chère patrie. Le corps du maréchal Augereau doit être en marche , et bientôt nous pourrons agir de concert.

L'Empereur vient encore de battre l'ennemi à Soissons ; en attendant qu'il revienne près de nous , nous faisons les Fabius et nous gagnons du temps.

L'adresse aux femmes Françaises (1) que

---

(1) Cette adresse fut envoyée au Journal de l'Empire , le 4 février ; on ne voulut point l'insérer : je l'envoyai au noble enfant , pour qu'il sût que son amie le

vous avez bien voulu m'adresser, m'a fait un plaisir infini : combien votre courage augmente le mien ; j'oublie toutes les peines, toutes les privations, quand je réfléchis que ma manière de penser et d'agir est d'accord avec la vôtre. Ah ! que je serois heureux, si j'avois le bonheur de vous revoir ainsi que tous mes bons parens !

J'ai lu vos lettres à plusieurs de mes camarades et de mes amis, j'ai soutenu leur courage dans les momens pénibles que nous avons eus à passer.

Je suis comme vous plein de confiance pour l'avenir, je compte toujours sur le Dieu juste et grand ; de même qu'il a mis un frein à nos conquêtes, il ne voudra pas que notre beau pays soit le partage de barbares indignes de l'habiter et d'apprécier ses bienfaits envers la France.

La belle saison approche et elle sera très-favorable à nos opérations.

----

secondoit de tous ses moyens et ne se reposoit point dans un lâche égoïsme.

Je

Je vous embrasse mille et mille fois ainsi que tous mes bons parens, et je réponds à votre mot d'ordre par celui-ci : *Amitié et reconnoissance, raison et force.*

Paris, ce 13 mars 1814.

Lettre au même, restée sans réponse.

Je reçois à l'instant, mon cher enfant, ta lettre datée de Provins du 10 mars. Depuis un mois nous n'avions point de tes nouvelles, et tu peux juger de notre peine. En m'occupant sans cesse de toi, cher ami, souvent une espèce de crainte pénétroit et glaçoit mon cœur; mais dans l'instant je reprenois courage et espérance. Hier je fus à la messe, j'en revins avec la croyance que nous aurions de tes nouvelles ; le soir, en recevant ta lettre, il me sembla que j'en avois la certitude. J'éprouve pour la patrie le même sentiment que j'avois pour toi, quelquefois un sentiment de crainte, mais qui fait bientôt place à la confiance et à l'espoir.

5

Ainsi que toi, mon cher enfant, mon espérance est appuyée sur nos malheurs ; si je m'élève aux grandes vues de la providence, je vois que nos désastres sont arrivés précisément par l'injustice et l'exagération de notre force ; notre mal ne vient pas de Moscou, il vient de plus haut.

Il me semble qu'il est impossible que la providence permette que l'Angleterre devienne l'omnipotence de l'univers ; car c'est elle seule qui fait la guerre, c'est elle qui rend l'invasion des ennemis si atroce et si destructive ; c'et la France qu'elle veut détruire, ce sont les manufactures, les arts, le commerce. Elle ne fait à l'Empereur une guerre d'extermination, que parce qu'elle craint son génie entreprenant et indomptable. Elle voudroit nous donner un soliveau, comme le Roi de Pologne, et nous faire disparoître aussi du nombre des vivans, ou faire de la France un Portugal qu'elle détruiroit à son aise.

L'Angleterre est liée à la Russie par un intérêt commun ; la Russie n'ayant qu'une grande étendue de territoire et point de classe intermédiaire , il n'y a que la noblesse territoriale qui puisse avoir une opinion ; elle appartient à l'Angleterre par ses productions , qui seule peut donner un débouché à ses bois et goudrons.

L'Angleterre domine le continent par la Russie, qui est la puissance formidable depuis nos malheurs : et si la France succomboit , il n'y auroit plus qu'une puissance dans l'univers, l'Angleterre.

La France seule fait opposition à ce colosse vraiment effrayant : avec la puissance de l'Angleterre, les idées de commerce , d'intérêt , prennent une prépondérance irrésistible ; les succès de cette nation sont un crime contre la morale. De là cette doctrine de l'intérêt qui détruit toute vertu. Ce principe si vrai, que tout ce qui *est honnête est utile*, se trouve banni de la société des hommes. Tromper pour avoir *de l'or*, la guerre pour avoir *de l'or*, de l'intelligence pour avoir *de l'or*, la volonté pour *de l'or*, l'amour de la pa-

trie pour *de l'or* , de *l'or* pour *du sang.*
Voilà toute la politique de l'Angleterre.

Chez les nations guerrières, de fausses idées d'honneur et de vanité peuvent s'y introduire; la guerre, trop long-temps prolongée, peut empêcher la prospérité commerciale et agricole; mais le courage qui fait sacrifier sa vie sera toujours un sentiment grand et noble, il sera toujours beau de se dévouer à sa patrie.

La classe militaire porte avec elle le désintéressement, la franchise, la loyauté, la bonne foi dans les engagemens; elle est entièrement opposée à toute idée d'astuce et de vil intérêt; je ne puis donc croire que la providence permette que la France succombe, car alors l'Angleterre domineroit seule, ce qui me paroîtroit le véritable règne du mal.

Si je considère les ressorts que la *marchande* fait mouvoir, je ne connois rien de plus affreux : les puissances coalisées se sont partagé tout ce que l'enfer peut montrer de plus horrible. C'est la guerre d'Atrée? Des pères contre leurs enfans, des frères contre des frères, des parricides contre leur patrie, des ingrats contre leurs bienfaiteurs; toutes les nations contre leurs véritables intérêts.

J'entends appeler politique et justifier de pareilles horreurs! Ainsi un succès absolu seroit une véritable calamité morale.

On a crié *tolle* sur le dévouement à la patrie et à la vertu, qui fait sacrifier au devoir les affections les plus chères. Il est un principe incontestable, c'est que le tout est plus grand que la partie. La vertu étant le premier des biens, j'y sacrifierois jusqu'à la terre même; mais que pour regagner quelques chétives provinces, des monarques violent les lois les plus sacrées de la nature, qu'ils commettent un crime qui n'a point d'exemple parmi les nations civilisées; d'amener des barbares, afin de détruire, de brûler, de dévaster, de ruiner à jamais l'héritage de leurs enfans; c'est ce qu'il est impossible de comprendre: tant qu'il y aura des cœurs honnêtes, ils se soulèveront d'indignation au souvenir des cabinets coalisés.

C'est donc par notre punition même que j'attends de la Providence la juste vengeance de tant d'horreurs ; nos succès ont été long-temps le scandale des adorateurs de Dieu ; quand nous avions le motif de nous défendre, il étoit beau de triompher ; mais cette dévastation éternelle, pour acquérir des titres et de la fortune, faisoit gémir les gens de bien.

Cependant notre domination, comme celle des anciens Romains, étoit utile aux peuples vaincus ; nous portions avec nous des principes libérateurs. La servitude, la féodalité, le despotisme monacal, disparoissoient par nos victoires. Je regarde notre révolution comme celle des croisades, qui fut une calamité épouvantable et cependant utile à l'amélioration de la société ; de même de tout notre bouleversement, il peut en sortir quelque chose de bon.

Je gémis comme toi de l'invasion de

l'ennemi ; mais quand je réfléchis à ce profond égoïsme où nous étions plongés, à cet amour excessif des richesses, à cette fièvre ardente qui ne permettoit ni repos ni modération, où personne ne pouvoit rester dans sa place, où, sans cesse enviant le sort d'autrui, chacun cherchoit les moyens de changer le sien, où ce Paris étoit un vrai marché où on arrivoit de toute part pour gagner et augmenter sa fortune, où, pour une place, il y avoit quatre mille demandes : *la cupidité* et l'insatiable soif *de la marchande* avoient passé jusqu'à nous ; je comprends pourquoi le Dieu juste a frappé Israël, puisqu'il avoit adoré les Dieux de l'étranger.

Je ne sais combien de temps durera cette plaie terrible : ce que je sais, c'est qu'elle a mis à nu toutes nos maladies. Les observateurs ont à présent des symptômes sûrs pour juger l'état des nations ; la France en ce moment est la nation où il y a le plus de corruption, puisqu'il n'y a plus de vie dans le corps social, qu'il n'y a plus d'énergie, qui s'est concentrée avec

une grande force parmi les militaires.(1)
L'amour de la patrie, pour le plus grand
nombre, et l'ambition chez quelques autres ; tous ces motifs réunis ont produit une
véritable force, qui, sans être entièrement
nationale, mérite cependant toute notre
reconnoissance. Sans cet esprit militaire,
la France étoit vaincue, elle auroit eu le
sort de la Pologne et du Portugal ; je le
sens si bien que, si j'avois la moindre in-
fluence sur les femmes, je leur ferois
vôter un monument en l'honneur des
guerriers français, à qui elles doivent
d'être échappées aux malheurs les plus
affreux.

Cher enfant, la calamité que nous
éprouvons est affreuse ; mais elle nous sera
utile si elle nous guérit de cette lèpre de
l'individualité, et que nous parvenions à
sentir que la prospérité et la gloire d'une
nation ne peuvent se trouver que dans

____

(1) Cette phrase étoit malheureusement trop appli-
cable à la France de l'année dernière ; le malheur et les
dangers viennent de la régénérer.

l'union de tous les citoyens ; que s'il est un orgueil que la vertu puisse absoudre, c'est celui de la patrie.

Il s'est passé ici un trait affreux qui est un témoignage déchirant des malheurs de la guerre : j'en ai été témoin, car la victime appartenoit à des parens qui logeoient dans ma maison. Je désire que toutes les mères apprennent à frémir au seul nom des barbares, et que le sentiment maternel, le plus puissant de tous, fasse à jamais la conservation de la France et soit un rempart que toutes les armées ne puissent franchir.

Je t'ai écrit bien souvent, mon cher ami, j'étois sur-tout en peine de ta nourriture, je te demandois où je pourrois t'envoyer des vivres. Ah ! que ne puis-je être près de toi, pour te secourir, te soigner et partager tous tes dangers. Écrisnous, envoie des exprès quand tu seras dans les routes détournées. Adieu, cher enfant, nous t'embrassons tendrement ma mère, mon mari et moi.

Le deuil et la mort ont intercepté tous les courriers ! ils ne partent plus que pour l'immortalité.

O noble et cher enfant, tu avois promis de mourir, tu as tenu ta parole !....(1)

Ame généreuse, animée du patriotisme le plus pur. Guerrier citoyen, ah ! que du moins ta mémoire ne soit point flétrie, et que tes frères d'armes obtiennent les honneurs et la louange de la patrie.

Ce n'est point le casque brillant du Rutule, ni le poids du butin qui furent la cause de ta perte, ô toi ! modèle de délicatesse et de générosité !

Ce n'est pas l'ambition qui te fit parcourir la carrière des armes : tu ne mettois pas à cette loterie périlleuse pour les avantages éclatans qu'elle procure !

Ton ordre, pour paroître sur la terre,

____

(1) Ce brave jeune homme, officier de la légion d'honneur et major d'artillerie, a été tué, à l'âge de 29 ans, le 21 mars de l'année dernière, au combat d'Arcis-sur-Aube, emportant l'estime et les regrets de ses camarades, de sa famille et de tous ceux qui l'ont connu.

s'est trouvé pendant ces jours mauvais où la lutte la plus terrible étoit engagée pour les anciens abus, contre des idées plus justes et plus raisonnables. Ah! tu vivrois encore, noble enfant, si les *intelligens* avoient eu ce courage, ce dévouement, cette patience dans les maux de tout genre qu'ont montrés les guerriers français!

Depuis long-temps la révolution seroit finie, si la morale en avoit reglé les mouvemens, et la guerre qui en a été la suite n'auroit pas dévoré tant de générations.

Toi-même, dont l'existence a été préservée par la providence d'une manière si merveilleuse, tu as donné ta vie pour la patrie, tu as été accablé par ce déluge d'ennemis qui avoient inondé la France. Ainsi douze ans d'une guerre sans repos n'ont pu détruire ton heureuse fortune, et les terres françaises ont reçu la victime que l'Espagne, la Russie, l'Allemagne avoient épargnée.

Et moi, condamnée à te survivre, moi qui suis coupable de ta mort, en encourageant ton dévouement, je me suis placée dans le tombeau avec toi, puisque l'ordre de Dieu me défendoit de te suivre. N'attendant plus rien de la terre, je me suis retirée dans le temple du Seigneur, et j'ai préparé la louange divine dans mon affliction ?

Je me rends le témoignage dans ma douleur d'avoir fait tout ce qui dépendoit de moi pour seconder et secourir les soldats français ! hélas ! ils étoient mes Egistes !..

Mais jamais je n'aurois cru être réservée à ce dernier degré d'infortune, qu'on n'a connu chez aucune nation, d'entendre dans ma patrie vanter les ennemis de la France, et les guerriers français étrangers dans leurs pays.

Si j'avois été captive à Babylone, j'aurois trouvé des larmes pour Jérusalem ? Les dames troyennes répondoient aux longs gémissemens de la triste Hécube, il fut permis à Andromaque de pleurer son cher Hector devant un ennemi généreux ! Enée, dans les plages lointaines, retrouva le souvenir de Priam et d'Ilion : ô Achate, il est ici des regrets et des larmes pour les gens de bien !

Mais nous , nous avons bu chaque jour le calice d'amertume, nous avons entendu chaque jour l'éloge de ceux qui ont massacré les guerriers français !

Nous avons vu honorer du nom de libérateurs les barbares qu'accompagnoient le viol, l'incendie, le pillage ! De telles horreurs sont devenues le beau , le bon et le juste ! On nous a demandé des cantiques d'actions de graces pour les ennemis ! On nous a forcés de maudire les héros que nous ne pouvions qu'admirer ! La France déshonorée n'invoquoit plus que les généraux dévastateurs de la patrie. Les généraux français avoient cédé leur noble rang aux Wellington, aux Blücher, aux Shwarzemberg !

Dans une telle infamie j'ai reconnu l'action de la *marchande*. La France a-t-elle jamais commis ce crime de flétrir le courage et la valeur !

Pendant onze mois des folliculaires à ses gages ont fait tous leurs efforts pour anéantir la grandeur des armées françaises. Ils n'ont rien négligé pour nous corrompre, pour nous donner ces fausses idées de bonheur sans la vertu, pour nous remettre dans cette niaiserie des peuples heureux, c'est-à-dire, dans la honte des prostituées à qui on donne des jouissances pour prix de l'honneur.

Elle savoit bien que la vertu et l'honneur sont ses véritables opposés, et que si jamais les Français se mettoient sous ces boulevarts inexpugnables, malheur au mensonge qui se dit la vérité.

C'est la marchande qui fait la loi; c'est elle qui fait le partage des nations; c'est elle qui en fait le commerce en gros et en détail pour la commodité des acheteurs.

Malheur à ses amis, son amitié est le plus funeste de ses présens. Voyez cette malheureuse Espagne, ces Cortès qui ont combattu avec tant de courage contre la France à son profit; voyez-en les membres dans les cachots de l'Inquisition, livrés par elle-même à leurs ennemis et à la vengeance monacale; elle emploie l'or des nations à payer leur propre sang!

Sa domination a ramené par-tout l'es-

clavage et l'inquisition, elle a l'air de pro-
mettre le luxe et les jouissances ; mais malheur aux peuples qui se laissent séduire,
ils apprennent bientôt à leurs dépens le
prix de son amitié.

Ses armes sont l'expression parfaite de
son gouvernement ; comme son léopard ,
elle se retire dans son antre, elle calcule en
sûreté quelle est la nation qui doit périr,
quelle est celle à qui sa foiblesse ou sa
soumission permet d'exister !

Le gouvernement français n'étoit de-
venu si odieux , que pour avoir voulu la
combattre avec ses propres armes, le despotisme et l'envahissement. Il avait eu la générosité de prendre les combinaisons du gouvernement anglais pour hériter de la haine
universelle qu'on lui-devoit.

Heureuses , mille fois heureuses , les
calamités qui nous ont éloignés de cette
funeste route. Mais malheur aux nations
dont la chute est nécessaire à la justifica-
tion divine !

Dis-nous à présent, toi qui vends les nations (car tu ne les donnes pas) dis-nous à qui as-tu vendu la France ? dis-nous ce qu'elle pèse !

Est-elle légère comme le Portugal, la Saxe, la Pologne, l'Italie, Gênes, la Belgique, la Norwège ? Doit-elle, pour te rassasier, être fumante comme Wasington.

Tu te trompes, tu ne l'a pas bien posée, elle n'est pas légère aujourd'hui comme dans l'année 1814; tes mulets chargés d'or n'entreront plus dans nos villes, nous avons renvoyé nos traîtres.

L'honneur, la vertu, la patrie, sont un poids que tu n'as pas bien calculé! la France pèse un million de héros qui ont souffert et qui sont morts pour elle : elle en pèse deux autres millions, qui leur survivent et brûlent de les venger : *elle pèse le désespoir de toutes les mères dont tu as fait déshonorer et massacrer les enfans !...*

FRAGMENT

FRAGMENT,

Extrait des Observations de la Chambre de Commerce de Nantes, adressées à la Chambre des Députés, le 19 septembre 1814, concernant la conduite de l'Angleterre envers le Portugal.

» Pour juger des malheurs des nations qui se soumettent à la domination anglaise, nous allons en donner un exemple bien frappant dans le Portugal ; il n'est plus qu'une colonie anglaise. Il s'en est aperçu trop tard.

» En vain un de ses plus célèbres ministres, M. de Pombal, a voulu secouer le joug. Son énergique discours aux ministres du roi d'Angleterre est l'expression fidèle des efforts impuissans d'une nation enveloppée dans les filets d'un peuple dominateur, et qui se débat inutilement pour les rompre.

« Depuis 5o ans, leur dit M. de Pombal, » vous avez tiré du Portugal plus de quinze » cents millions, somme énorme, dont » l'histoire ne dit point que nation en ait

6

» enrichi une autre. La manière d'acqué-
» rir ce trésor vous a été encore plus favo-
» rable que le trésor lui-même. C'est par
» les arts que l'Angleterre s'est rendue
» maîtresse de nos mines ; elle nous dé-
» pouille régulièrement tous les ans de
» leur produit. Un mois après que la flotte
» du Brésil est arrivée , il ne reste pas une
» seule monnoie d'or en Portugal ; la tota-
» lité passe en Angleterre , ce qui con-
» tribue continuellement à augmenter sa
» richesse.

» Par une stupidité qui n'a point d'exem-
» ple dans l'histoire universelle du monde
» économique, nous vous permettons de
» nous habiller et de nous fournir tous
» les objets de notre luxe, qui n'est pas
» peu considérable. Nous donnons à vivre
» à cinq cent mille artistes , sujets du roi
» Georges , population qui subsiste à nos
» dépens dans la capitale. Vous avez sub-
» stitué vos laboureurs aux nôtres. Autre-
» fois nous vous fournissions des grains ;
» aujourd'hui c'est vous qui nous en four-

» nissez. Vous avez défriché vos terres,
» nous avons laissé les nôtres en friche.

———————

Voilà l'état de dépendance et de servitude auquel l'Angleterre veut nous réduire. Plus malheureux que le Portugal , nous n'aurions pas les mines du Brésil pour satisfaire son avidité. M^r. Douglas n'a point dissimulé dans le parlement anglais les intentions du gouvernement bienfaisant pour la France.

M^r. Douglas (Journal , 2 mai 1815), dans un discours très-véhément , a proclamé que la paix de l'Europe ne pouvoit être assurée, qu'après avoir exterminé jusqu'au dernier soldat de l'armée française.

Le marquis de Wellesley , dont l'opinion ne peut être taxée de partialité , a développé dans la chambre des pairs , dans un discours qui montre l'homme d'état, l'homme sage et véritablement ami de son pays , les élémens dont se compose l'armée française. Il a posé en principe, que la loi fondamentale qui a constitué cette armée l'a rendue entièrement nationale ; que chaque soldat est un mandataire, et un membre de la communauté pour la défense de la patrie , et que par conséquent, faire la guerre à l'armée française , c'étoit rendre cette guerre commune à toute la nation, puisqu'elle est associée à ses succès et à ses revers. (Journal de l'Empire). Le marquis de Vellesley a bien jugé la France ; non, jamais la nation ne se séparera d'une armée dont elle a reçu tant de gloire.

Les soldats français ont décidé et gagné ce long procès qui se plaide depuis si long-temps entre la richesse et la vertu. Désormais la pauvreté pleine d'honneur l'emportera sur la richesse honteuse ! Quand on voudra fonder l'indépendance sur la richesse, on montrera la véritable indépendance dans le désintéressement des soldats français.

Quand les sophistes viendront égarer le peuple par des diatribes contre le gouvernement, on répondra par l'exemple de l'obéissance des soldats français, qui ont laissé tirer sur eux, sans se défendre, parce que le chef l'avoit ainsi ordonné pour l'honneur et le salut de la patrie !

Si jamais le gouvernement vouloit enchaîner la liberté de la presse, il se rappelera que tout ce qu'on a écrit contre Napoléon n'a pu affoiblir l'attachement des soldats pour un chef dont les qualités éminentes avoient excité leur admiration. Ni les peintures effrayantes de ce qu'ils avoient souffert dans les guerres lointaines et malheureuses, ni les flatteries, ni les dangers de leur entreprise n'ont pu les ébranler. Ils ont montré à la terre ce spectacle admirable dont parle Sénèque, de l'homme magnanime qui semblent à paroître criminel pour se montrer vers la vertu.

La doctrine de l'intérêt ne peut plus présenter son masque hideux ; la terre a fait à cet égard sa dernière révélation. Du côté de l'intérêt marchent la perfidie, la lâcheté honteuse, l'ingratitude et la trahison ; mais l'honneur élève sa noble tête et se

montre fidèle dans l'adversité et le mépris :
ni la mort, ni les supplices ne l'épouvantent:
le calme et la modération accompagnent
sa victoire......

Voyez la délicatesse des soldats et le
maintien ferme et modeste de ces braves
couverts de lauriers et de cicatrices, se re-
posant sur leur propre force , sans jac-
tance ni forfanterie.

On demandoit à deux soldats du 4.ᵉ de
dragons, quels motifs avoient pu les déter-
miner à marcher des premiers avec l'Empereur : *l'honneur vouloit cela* , ont-ils
répondu. L'Empereur nous a dit : on
veut rendre vos bl[...]
je viens les rendre [...]

FIN.

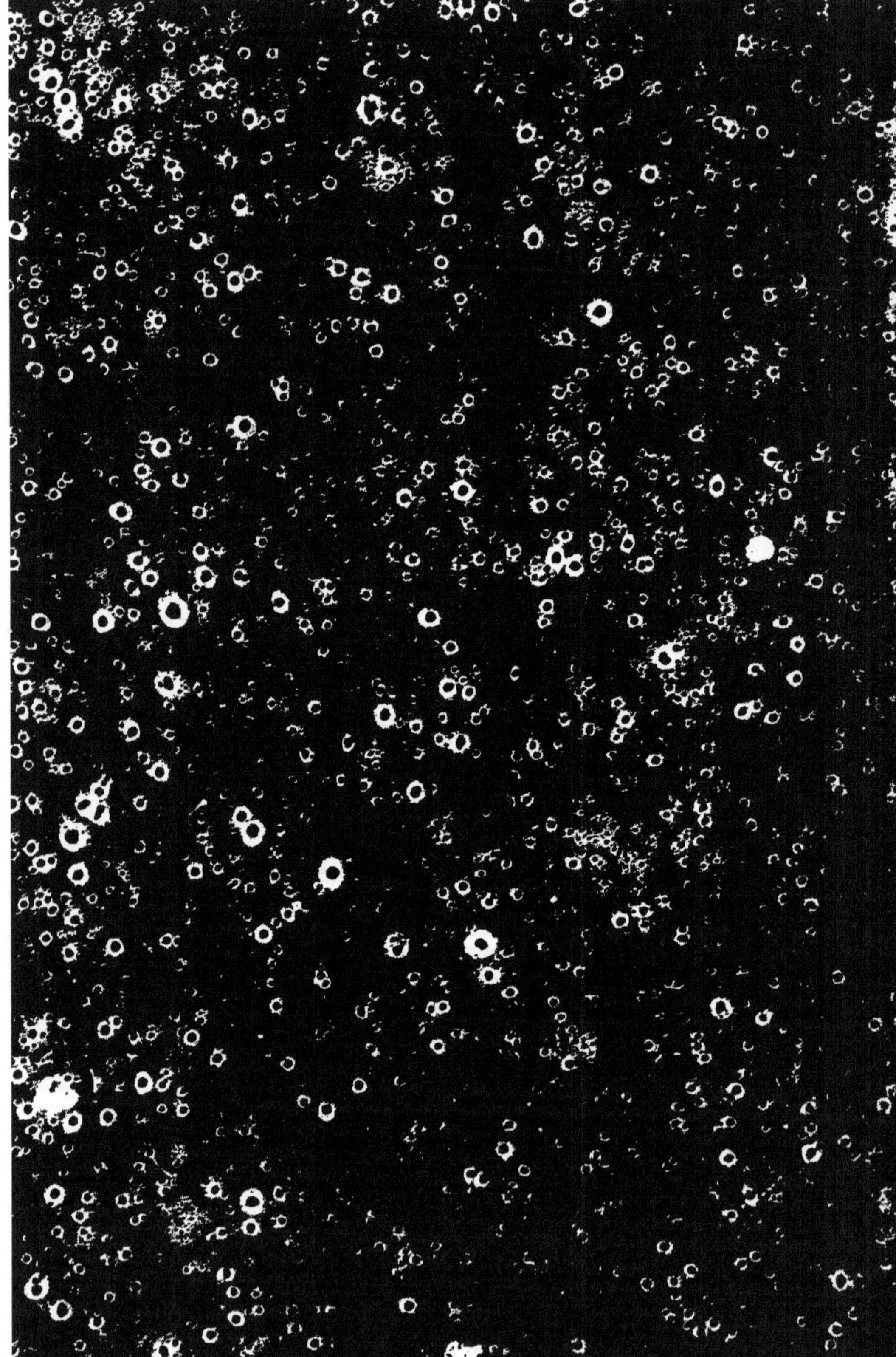

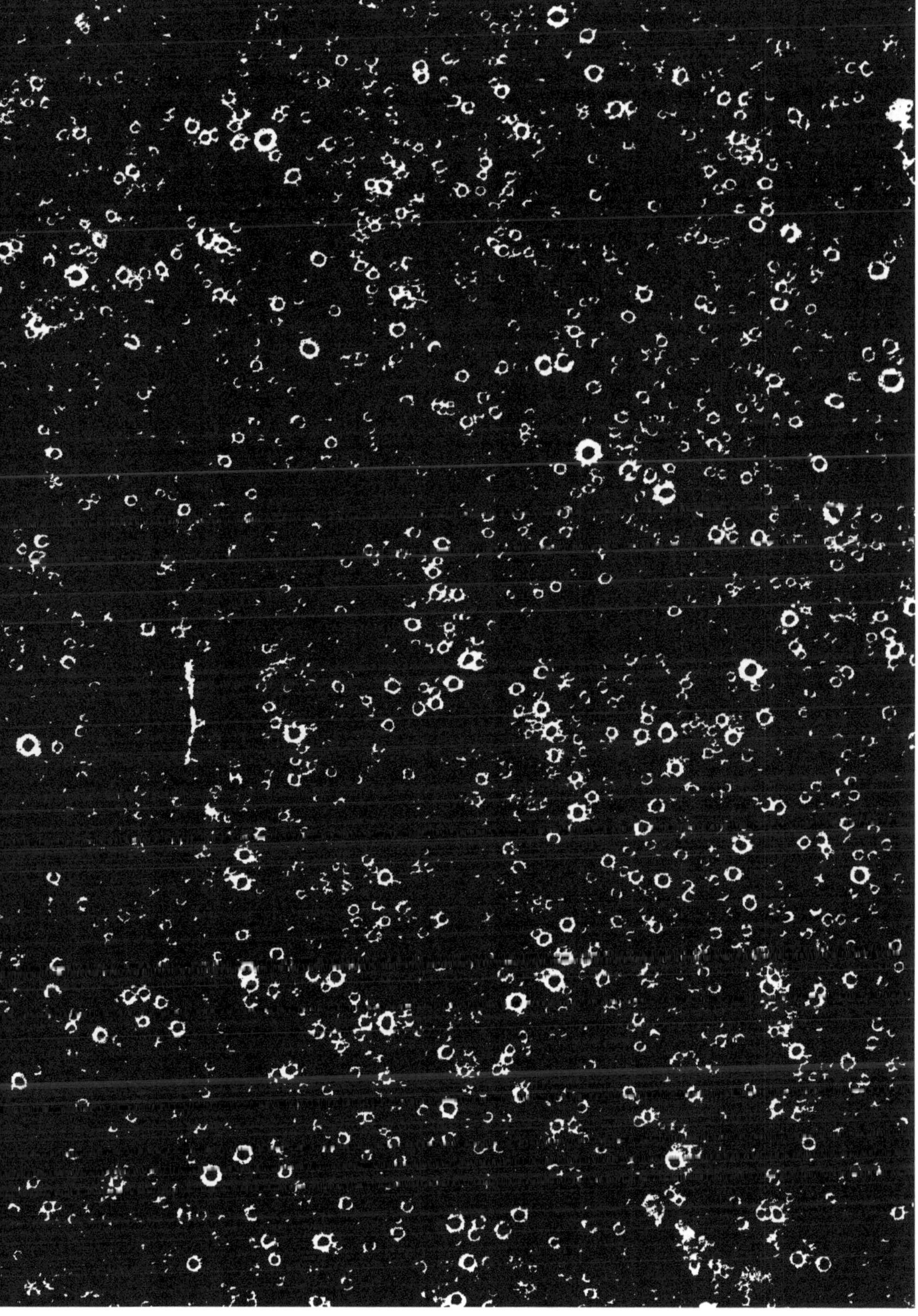

BIBLIOTHÈQUE NATIONALE DE FRANCE
3 7531 00091180 1

www.ingramcontent.com/pod-product-compliance
Lightning Source LLC
Chambersburg PA
CBHW051551050726
47595CB00002B/737